『魔法使いの約束』
公式レシピ集

✳

The Secret Recipes of Wizards

Introduction

§

『魔法使いの約束』の物語から垣間見える
魔法使いたちの日々の営みは、
私たちが暮らす世界と地続きのようでいて、どこか風変わり。
彼らの暮らしについてもっと深く知りたい、
そう感じる人も多いのではないでしょうか。

とりわけ興味を引かれるのは、生きることの要である「食」。
カーケンメテオル、ロリトデポロといった、
響きだけでもわくわくするような見知らぬ料理だけでなく、
オムレツやグラタンのようなごく日常的な料理についても、
そこに秘められた思い出や逸話を知りたいと、好奇心は尽きません。

本書では、21人の魔法使いたちとゆかりの深い料理、
季節ごとの料理のレシピを紹介しています。
また、私たちの世界で見つからない食材は、
手に入りやすい身近なもので、
作り方は、なるべく見た目を再現しやすいやり方に変えています。
彼らの世界に思いを馳せながら、
キッチンで生まれる小さな魔法を楽しんでください。

Contents

※誌面に掲載している価格は2023年6月時点の税込み価格です

※計量単位は大さじ1＝15㎖、小さじ1＝5㎖です

※電子レンジの加熱時間は600Wを基準にしています。500Wの場合は1.2倍、700Wの場合は0.8倍を目安に加減してください。機種によって多少差があります。火通りに不安がある場合は、様子を見ながら少しずつ加熱してください

※電子レンジやオーブン、オーブントースターで加熱する場合は、付属の説明書に従い、高温に耐えられる耐熱製の皿やボウルなどを使用してください

※液体を電子レンジで加熱した場合、取り出して混ぜるとき、場合によって突然沸騰する可能性があります（突沸現象）。できるだけ口の広い容器に入れ、粗熱が取れてからレンジから取り出すなどしてご注意ください

※野菜は皮をむく工程を省いて説明しています

中央の国

Central Country

5つの国に分かれた大陸の中心。
賢者と21人の魔法使いたちが
暮らす魔法舎がある。
交易で栄え、
商人や旅人の往来も盛んで
王都の市場では
他国の食材や食文化にも触れやすい

パンケーキ

ふわふわ食感のパンケーキはオズの得意料理。
仕上げに添えるはちみつと生クリームで
シンプルなおいしさを味わって

アーサーにねだられて作った。
私が使役する火の
精霊の力の前に、
食材たちは脆弱すぎた。
今は手加減している。

✦

Oz
オズ

Profile

多くの人々に恐れられている最強の魔法使い。
冷酷で心無い魔法使いと言われている。他者
に干渉されることを煩わしく思っており、人前
に姿を現すことは少ない。

Central Country 01　パンケーキ

Memo

生地に加える牛乳の一部をヨーグルトに。
ヨーグルトの酸と、ホットケーキミックスの
ベーキングパウダーが化学反応を起こして
ふわふわの生地に焼き上がる

材料
(2人分)

ホットケーキミックス … 150g
いちご … 2個
卵 … 1個
A｜牛乳 … 100mℓ
　｜プレーンヨーグルト（無糖）… 50g
サラダ油 … 適量
B｜ブルーベリー、ミントの葉、
　｜ホイップクリーム、はちみつ、
　｜バター（各好みで）… 各適量

作り方

1　いちごはハート形に飾り切りする[a]。

2　ボウルに卵を割り入れ、**A**を加えて[b]泡立て器でよく混ぜる。ホットケーキミックスを加え、泡立て器で粉っぽさがなくなるまで混ぜる。

3　フライパンにペーパータオルでサラダ油を薄く塗って中火で熱し、火から外して濡れたふきんの上に置いて、底面の温度が均一になるよう少し熱を取り、**2**を¼量流し入れる。

4　**3**を再び弱めの中火にかけ、表面に小さい穴があき始めたら裏返し、焼き色がつくまで焼いて取り出す。残りの**2**も同様にして計4枚焼く。

5　器に**4**を盛り、**1**、**B**をトッピングする。

Point

[a]

いちごはヘタを包丁で切り落としてから縦半分に切り、ヘタの部分にVの形に切り込みを入れてハート形にする。

[b]

ヨーグルトを加えることで、生地がもっちりふわふわの食感に仕上がる。

SR【一番の特効薬】／オズ

共に過ごした
なつかしい日々を思い出す
優しい甘さのパンケーキ

Arrange

ベリーソースの
パンケーキ

材料と作り方

耐熱ボウルにいちご5〜6個（100g）を入れてフォークでつぶし、はちみつ大さじ1を加える。ラップはせずに電子レンジ（600W）で1分ほど加熱してソースを作る。パンケーキは左の作り方を参照し、はちみつの代わりにベリーソースをかける。

クリームシチュー

中央の国と東の国でよく食べられている
体が温まる、とろとろシチュー。
星形のにんじんに、幼いアーサーの歓声が聞こえそう

Comment

オズ様の好物のポトフを食べた後、
いつもホワイトソースを足して
クリームシチューにしていました。
ホワイトソースを知る前は
ミルクだけ足して……。
さらっとした食感が王宮で食べた
とろっとした食感になった時は
感激しましたね。

Arthur
アーサー

Profile

中央の国の王子。優しい性格で、人間と魔法
使いが共に暮らせる平和な世界を望んでいる。
少し天然なところも。同じ中央の魔法使いの
オズとは面識があるらしい。

Memo

市販のシチューの素いらずのお手軽レシピ。

ポトフをリメイクする場合は、

ホワイトソースをスープに溶いて

煮込むとクリームシチューに

材料

（2〜3人分）

鶏もも肉 … 1枚（300g）

玉ねぎ … ½個

じゃがいも … 2個

ブロッコリー … ⅓個（80g）

にんじん … ½本（60g）

塩 … 小さじ½

サラダ油 … 大さじ½

バター … 20g

薄力粉 … 大さじ2

A　牛乳 … 250mℓ
　　水 … 200mℓ
　　顆粒コンソメ … 小さじ2

塩、こしょう … 各少々

パセリ（みじん切り）… 適量

作り方

1　玉ねぎはくし形切り、じゃがいもは4等分に切り、ブロッコリーは小房に分ける。にんじんは1cm厚さの輪切りにし、星の抜き型で抜く。鶏肉はひと口大に切り、塩をふる。

2　鍋にサラダ油を中火で熱し、1の鶏肉を入れて両面の色が白く変わるまで焼き、取り出す。

3　2の鍋にバター、1の玉ねぎを入れて中火でしんなりするまで炒め、じゃがいもを加えてさっと炒める。

4　3に薄力粉を加え、全体になじませながら炒める。Aの半量を加え[a]、木ベラなどで混ぜてなじんだら、残りのAを加え、混ぜながらとろみがつくまで煮る。2を戻し入れ、弱火で10分ほど煮て、塩、こしょうで味をととのえる。

5　耐熱皿に1のブロッコリー、にんじんを入れて水大さじ1（分量外）をふりかけ、ふんわりラップをして電子レンジ（600W）で1分30秒ほど加熱する。

6　器に4を盛り、5を飾り、パセリをふる。

Point

薄力粉と野菜がなじんでからAを半量ずつ加え、その都度混ぜるとダマにならず、なめらかに仕上がる。

SR【雑務もお任せください】／アーサー

雪に閉ざされた極北の城。
温かな日々の記憶は
シチューとともに

Arrange

シチュードリア

材料と作り方

茶碗1杯分のご飯、トマトケチャップ大さ
じ1〜2、バター少々を混ぜて耐熱容器
に盛り、クリームシチュー、ピザ用チーズ
各適量をかけてオーブントースター（1000
W）で焼き色がつくまで焼く。好みでパセ
リ（みじん切り）を散らす。

貝のスープ

カインの故郷、中央の国・栄光の街の名物料理。
貝がたっぷり入ったスープは、
街に並ぶ屋台でも人気の一品

Comment

俺の故郷の名物のひとつだ。
大河に生息する貝を煮込んで
いい出汁が取れる。西の国の海育ちの
貝より、俺は地元の貝のほうが好きだな。
味付けも様々で、子供は
ミルクスープが好きだが
俺はスパイスをたくさん入れた
辛めのトマトスープが好きだ。

Cain
カイン

Profile

中央の国の元騎士団長。気さくで面倒見が
いい兄貴肌。剣技が得意で魔法を使わなくて
も強い。誰とでも仲良くなれる性格だが、北の
魔法使いのオーエンだけは例外。

Memo

貝は、好みのものに替えてもOK。

辛い味付けにする場合は

にんにくを炒める時に輪切りの唐辛子を

加えるか、出来上がりにタバスコをプラス

材料

（2〜3人分）

あさり（砂抜き済みのもの）… 200g

ベビーほたて（ボイル）… 100g

セロリ … 100g

オリーブオイル … 大さじ1

にんにく（みじん切り）… 1かけ

塩 … 小さじ½

A | トマト缶（カット状）… 1缶（400g）
  | 水 … 250㎖
  | 顆粒コンソメ … 小さじ2

コンキリエ（貝形のパスタ）… 80g

パセリ（みじん切り）… 適量

作り方

1　セロリは1cm角に切る。

2　鍋にオリーブオイルを中火で熱し、1、にんにく、塩を入れてセロリがしんなりするまで炒め、あさり、ほたてを加えてさっと炒める。

3　2にAを加え、ふつふつと煮立ってきたらコンキリエを加えて[a]ひと混ぜし、コンキリエがやわらかくなるまで弱火で10〜15分煮る（コンキリエの袋の表示のゆで時間を目安にする）。途中、水分が足りなくなったら水適量を加える。

4　器に3を盛り、パセリをふる。

Point

コンキリエは貝殻の形を模したショートパスタ。くるんと巻いた空洞と表面の筋があるのでソースがよくからむ。

[a]

スープに乾燥したままのコンキリエを加える。ゆでる手間が省けるうえ、スープを吸っておいしさがアップ。

SR【秘密の夜】／カイン

運河を望むにぎやかな街。
貝のスープを味わいながら
そぞろ歩くのも一興

Arrange

貝のトマトスープ
パスタ

材料と作り方

コンキリエの代わりに、長さを半分に
折ったスパゲティ80gを同様にスープで
煮る。好みでパセリ（みじん切り）をふる。

オムレツ

リケの大好きな、ネロお手製のオムレツは
一度味わったら忘れられないふわとろ食感。
チーズやハーブを足して、アレンジしても美味

Comment

教団でもオムレツに似たようなものは
食べていましたが、ネロが作るオムレツほど
ふわっとしてはいませんでした。
ネロのオムレツはその日毎に
中に入っているものが違っていたり、
上にかかっているものが
違っていたりしています。
毎日食事が楽しいです。

Riquet

リケ

Profile

とある教団で神の使徒として育てられた。そ
のため、世間知らずなところがある。真面目で
素直な性格で、魔法の力は人を助けるために
使うべきだと思っている。

Memo

卵液に生クリームを使うとふわとろに。

ケチャップに、赤ワインと

フライパンに残ったバターの風味を効かせて

料理人顔負けのつややかでコクのあるソースに

材料

（2人分）

卵 … 4個

A｜生クリーム … 大さじ3
｜塩、こしょう … 各少々

バター … 20g

B｜トマトケチャップ … 大さじ3
｜赤ワイン … 大さじ2
｜砂糖 … ひとつまみ

イタリアンパセリ、ミニトマト … 各適量

作り方

1　ボウルに卵を割り入れ、白身のコシを切るように混ぜる。**A**を加え、さらにしっかり混ぜる。

2　直径20cmのフライパンにバターを中火で溶かし、**1**を全量流し入れ、箸で半熟のスクランブルエッグ状になるまで勢いよく混ぜる。固まりそうになったら、フライパンを火から離し、混ぜ続ける。

3　卵を奥から手前に向けて⅔ほど折りたたんでから、フライパンを斜めに傾けて手前の縁に寄せ[a]、手前の卵を奥に向けて折りたたむ。フライパンの縁のカーブにあてて形を整えながら閉じ目を焼く[b]。器に滑らせて盛る。

4　**3**のフライパンに**B**を入れて中火にかけ、煮立たせる。

5　**3**に**4**をかけ、イタリアンパセリ、ミニトマトを添える。

Point

[a]　[b]

折りたたむとき、手前を⅓ほど残しておくと、丸い形に成形しやすくなる。成形している間は、火から離してあわてずに。

フライパンの縁のカーブにあてて焼くことで、きれいな曲線に焼き上げる。

SR【つまみたくなるほっぺ】／リケ

作る時も、食べる時も
大切な人を思い浮かべて。
温かい料理は親愛のかたち

Arrange

チーズハーブ
オムレツ

材料と作り方

オムレツの作り方1の卵液に、好みの
ハーブ適量を刻んで加え、2と同様にし
て焼き、スクランブルエッグ状になったら
中央にピザ用チーズ30gをのせ、あとは
同様に焼く。器に盛り、粗びき黒こしょう
をふり、好みの野菜を添える。

北の国

Northern Country

北の魔法使いたちが長く暮らす国。
一年の大半は雪が降り、
人間には生きにくい極寒の地で、
ごく少ない人間の集落が
強い魔法使いの庇護の下に点在する。
厳しい自然のため
農業などには向かない不毛の土地

025

カーケンメテオル

魔法の炎で香ばしく焼かれたふわふわのパンは
かつては祭りの日にふるまわれたごちそう。
双子の魔法使いの思い出の味

Comment

かつては祭りの時に作り、
民に施しておった。我らが発明したのか、
他の誰かが発明したのかは
忘れてしもうた。
美しく装い、舞を踊り、
出来たてのカーケンメテオルを頬張る
愛しい片割れのことしか
覚えておらぬのう。ほほほ。

Snow
スノウ

Profile

双子の魔法使いホワイトの片割れ。普段は
子供の姿だが、大人の姿になることも出来る。
実は数千年も生きているという噂。思慮深く
堂々としているが、たまにお茶目な一面も。

White
ホワイト

Profile

双子の魔法使いスノウの片割れ。いつでもス
ノウとともに他の魔法使いたちを優しく見守っ
ている。仲良しで息ぴったりの双子。だが、ホ
ワイトには大きな秘密がある。

Memo

イースト生地を使ったふんわり軽い口当たり。

ベルギーワッフルに使う粒の大きな

パールシュガーや色つきシュガーを使って

魔法使いの作るシュガーのきらめきを再現

材料

（8個分）

強力粉 … 200g

A｜砂糖 … 25g
｜ドライイースト … 4g
｜塩 … 小さじ½

牛乳 … 100mℓ

卵 … 1個

バター … 15g

揚げ油、グラニュー糖、
　　パールシュガー、
　　ジュエリーシュガー … 各適量

下準備

・10cm四方のクッキングシート
　を8枚用意する。

・湯煎用に60℃の湯を用意する。

・バターは室温に戻す。

※こね台はクッキングシートを調理台に敷いても。
　生地がべたつくので、製菓用カード（ドレッジ）
　があると便利

作り方

1　ボウルに強力粉、**A**を入れ、牛乳を注ぎ、卵を割り入れて、手で全体を大きく混ぜる。粉っぽさがなくなり、ひとまとまりになるまで練り、バターを加えて全体になじませる。

2　こね台に1を取り出し、手で表面がなめらかになるまでこねる[a]。1のボウルに戻し入れ、ふんわりラップをする。湯煎用の湯（分量外）を入れたボウルに重ね、生地が2倍の大きさになるまでおく[b]。

3　2の生地を取り出してこね台の上で数回こねてガスを抜き、包丁で8等分に切ってから丸く形を整える。こね台に並べ、固く絞った濡れぶきんをかけて室温で10分ほど休ませる。

4　ふきんを外し、生地を丸め直し、10cm四方のクッキングシートの上に1個ずつのせる。バットなどに並べ、オーブンの発酵機能（40℃）で生地が2倍の大きさになるまで30〜40分発酵させる。庫内が乾燥しないよう湯を張ったマグカップを一緒に入れ、乾燥を防ぐ。オーブンに発酵機能がない場合は、バットなどに並べた生地に湿らせたペーパータオルを被せて、フタをし、暖かい室内で発酵させる（冬場は湯を張った鍋にバットをのせて温かく保つ）。

5　鍋に揚げ油を160℃に熱し、4をクッキングシートごと静かに入れて揚げる[c]。クッキングシートがはがれたら、箸で取り出し、生地をときどき返しながら両面をこんがりと揚げる。バットに取り出して油をきる。

6　器に盛り、グラニュー糖、パールシュガー、ジュエリーシュガーをかける[d]。

Point

[a]

生地をこね台に押しつけるようにしてこねる。生地をのばした時、ちぎれず、薄く指が透けて見えるようになればOK。

[b]

発酵前の生地（左）と発酵後の2倍にふくらんだ生地（右）。

[c]

生地を揚げる時は手で入れると形が崩れにくい。やけどに注意！

[d]

飾り用のシュガーをかけると仕上がりがきれい●ジュエリーシュガーパープル／20g¥108（富澤商店）

SR【予言を授けよう】／スノウ　　　　　SR【良い子にはご褒美じゃ！】／ホワイト

何度でも手を取り合って。

星の輝きのシュガーに共に紡いだ時を重ねる

Arrange

カスタード入り
カーケンメテオル

材料と作り方

カーケンメテオルは揚げたてにグラ
ニュー糖をまぶし、粗熱を取る。厚みの
部分に箸を差し込み、ぐるぐる動かして
空洞を作る（生地を破らないように注意）。絞り
袋にカスタードクリーム（p.50参照）を詰め、
穴に差し込んで絞り入れる。

消し炭

食べられない……ことはない？
作るのに失敗して真っ黒になってしまった料理は
魔法舎で唯一、ミスラだけが好む味

一時期賢者様が
よくくれました。
最近はあまり
作っていないみたいです。

Mithra
ミスラ

Profile

濡れたような色気を放つ美青年。柔らかい言
葉遣いで一見紳士的だが、中身はかなり野
性的。強大な力を持ち、いつかオズを倒し最
強の魔法使いになると思っている。

Memo

バターではなくオイルを使うと生地がダレず、
消し炭のようにゴツゴツした形が作りやすい。
ドライクランベリーで表現した熾火は
味と食感のアクセントに

材料

（作りやすい分量）

ホットケーキミックス … 150g
板チョコレート（ブラック）… 30g
A　ブラックココアパウダー（無糖）
　　… 大さじ3
　　砂糖 … 大さじ2
B　サラダ油 … 大さじ3
　　牛乳 … 大さじ2
ドライクランベリー … 10g

下準備

・天板にクッキングシートを敷く。
・オーブンは170℃に予熱する。

作り方

1　板チョコレートは食べやすい大きさに割る。

2　ボウルにホットケーキミックス、Aを入れ[a]、泡立て器でよく混ぜる。

3　別のボウルにBを入れ、泡立て器でとろっとするまで混ぜ[b]、2に加えてゴムベラで切るようにして粉っぽさがなくなるまで混ぜる[c]。1、クランベリーを加え、ゴムベラでさっくり混ぜる。

4　天板に3の生地をのせ、手で寄せて成形し[d]、170℃のオーブンで30分ほど焼く。

Point

[a]

[b]

[c]

[d]

ブラックココアパウダーを使うと、本物の炭のような黒い生地に。●ブラックココアパウダー／100g ¥367（富澤商店）

サラダ油と牛乳が乳化して、とろっとなるまでしっかり混ぜる。

このくらい粉っぽさがなくなればOK。混ぜすぎると、焼き上がりが硬くなるので、切るようにさっくりと混ぜる。

ゴツゴツ感を残すため、生地はなるべくこねないようにし、天板の上で、手で寄せながら成形する。

SR【用法用量をお守りください】／ミスラ

見た目とのギャップが強烈。
ほろ苦い味わいの中に
しっかりと甘さが

Arrange

ビスケット入り
消し炭

材料と作り方

消し炭の作り方4で生地を4等分して成
形し、粗く割った、ココア生地のクリーム
サンドビスケット（「オレオ」など）適量を差
し込み、同様に焼く。

トレスレチェス

甘いミルクシロップをしみ込ませたスポンジに
たっぷりのクリームと、キャラメルソースをかけて。
しっとりと香り豊かなケーキは危険な甘さ

ある時「世界で一番甘い料理を
教えてくれたら命を助けてやる」って
人間を脅したら
トレスレチェスって言った。
見つけて食べた。
それからお気に入り。

Owen

オーエン

Profile

毒舌で皮肉屋な性格で、他人の恐怖や悪意
を好んでいる。他の魔法使いたちにも警戒さ
れる危険な人物。中央の魔法使いのカインと
は過去に因縁があり、特に険悪な仲。

Memo

スペイン語でトレスは「3」、レチェは「ミルク」。

牛乳、生クリーム、練乳の

3種類のミルクを使ったケーキは

北の魔法使いもごきげんになる、とびきりの甘さ

材料

（15×15cmの正方形の型1個分）

卵 … 3個

グラニュー糖 … 60g

A｜牛乳 … 大さじ1
　｜バター … 15g

薄力粉 … 80g

B｜練乳 … 50g
　｜生クリーム、牛乳 … 各大さじ2
　｜ラム酒（あれば） … 大さじ½

C｜生クリーム … 150㎖
　｜砂糖 … 大さじ1

シナモンパウダー、
　キャラメルソース（市販）、
　ブルーベリー、ミントの葉
　 … 各適量

下準備

・型にクッキングシートを敷く。
・湯煎用に60℃の湯を用意する。
・オーブンは170℃に予熱する。

作り方

1　ボウルに卵を割り入れ、グラニュー糖を加える。湯煎用の湯を入れたボウルに重ね、ハンドミキサーで泡立てる。白っぽくなり、ハンドミキサーの羽根で細い線が描けるくらいになったら[a]、湯から外す。

2　小さい耐熱ボウルにAを入れ、1の湯にあててバターを溶かす。

3　1に薄力粉を加え、ゴムベラでボウルの底から生地をすくって返すのを繰り返しながら大きく混ぜる。すくった生地がリボン状に落ちるくらいになるまで混ぜる[b]。

4　3に2を加え、ゴムベラで全体になじむまで混ぜる。型に流し入れ、型を両手で持ち上げて、3cmくらいの高さから2回ほど落として空気を抜く。

5　天板に4をのせ、170℃のオーブンで30分ほど焼く。取り出して型から外して粗熱を取り、再び型に戻し入れる。竹串で生地を数か所刺して穴をあけ、混ぜ合わせたBを全体にかける。ラップをして冷蔵庫で2時間ほど冷やす。

6　ボウルにCを入れ、ハンドミキサーで八分立てにし、星型の口金のついた絞り袋に移し入れる。5を型から外し、上面にホイップクリームを絞り、シナモンパウダー、キャラメルソース、ブルーベリー、ミントをトッピングする。

Point

[a] ハンドミキサーの羽根で生地をすくってたらすと、細い線が描けるようになればOK。

[b] すくった生地をたらすと、リボン状に、平たく太めに生地が落ちるようになるまで混ぜる。

SR【計画通り】／オーエン

べたべたでどろどろの
甘いクリームとスポンジを
口いっぱいに頬張って

Arrange

トレスレチェス風
フレンチトースト

材料と作り方

バットにトレスレチェスの材料B、卵1個を合わせてよく混ぜ、食パン（6枚切り）1枚を浸す。フライパンにバター10gを中火で溶かし、食パンを入れて両面を焼く。ホイップクリーム、ブルーベリー、シナモンパウダー、ミントをトッピングする。

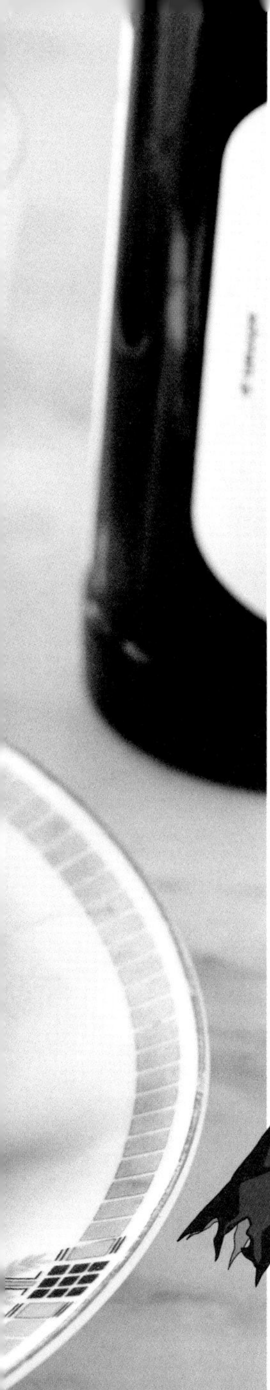

フライドチキン

ワイルドにかぶりつきたい！
ざくざくの衣にスパイスが効いたフライドチキン。
盗賊の大好物は、横から奪われないようにご用心

俺様の大好物だ。
だが最初は今ほどじゃなかった。
料理が美味いやつが手下になって、
スパイスやら揚げ具合やらを、
時間をかけて俺様好みに
仕上げて来やがった。ひどいもんだぜ。
それからやみつきに
なっちまったのさ。

Bradley
ブラッドリー

Profile

元盗賊団のボスで、現在は囚人。大食らいで
好戦的な性格。横暴な乱暴者だが気さくで頼
り甲斐のある一面も。美味しいご飯が好きで、
ネロの作る料理を気に入っている。

Memo

カリッと香ばしい食感の秘密は

米粉と片栗粉を合わせた揚げ衣。

肉の漬け汁に、粉を加えて

塊状にすることでクリスピーな衣に

材料

（8本分）

鶏手羽元 … 8本
A しょうゆ … 大さじ2
　　砂糖 … 小さじ1
　　にんにく (すりおろす) … 1かけ
B 片栗粉、米粉 … 各大さじ3
揚げ油 … 適量
カレー粉、レモン (輪切り) … 各適量

作り方

1 手羽元は骨に沿って切り込みを入れる[a]。ポリ袋に手羽元、**A**を入れて袋の上からよくもみ込み、口を閉じて冷蔵庫に2時間ほどおく。

2 1に**B**を加え、袋に空気を入れてふくらませて口を閉じ、袋を振ってまぶす[b]。

3 鍋に揚げ油を170℃に熱し、2を半量入れてキツネ色になるまで揚げ、バットに取り出して油をきる。残りも同様にして揚げる。

4 器に3を盛り、カレー粉をふり、レモンを添える。

Point

骨に沿って切り込みを入れることで、中まで火が通りやすく、味がしみ込みやすくなる。

粉の量が多いので、まんべんなくつくように振り、途中、袋の上から軽く押さえて落ち着かせながらしっかりまぶす。

やみつきになったら
奪ってでも
味わいつくしたくなるもの

SR【いいもんみっけ】／ブラッドリー

Arrange

アーモンド衣の
フライドチキン

材料と作り方

フライドチキンの作り方2で、Bの代わりに片栗粉大さじ2を加えてまぶす。バットに広げたスライスアーモンド適量の上に取り出し、転がして貼りつけ、3と同様にして揚げる。

東の国
— Eastern Country

森に囲まれた自然豊かな国。
水がきれいで、土地で採れる
新鮮な野菜の美味しさに定評がある。
規律を大事にする国民性で、
なにごとも堅実さが重んじられるため
料理も、新奇なものや華美なものは
あまり好まれない

ガレット

ファウストの生まれた、中央の国が発祥の料理。
薄く焼いた生地を折りたたみ、
卵やチーズ、野菜など、好みの具材を包んで

Comment

✦

僕が育った村では
常食のひとつだった。
ぱりぱりに焼かれた生地を
仕上げにそうっと折りたたんでいく時、
毎回ささやかな達成感を覚える。

✦

Faust
ファウスト

Profile

呪い屋をしており、真面目だが陰気な性格。
人間に対して強い嫌悪感を持っており、賢者
の魔法使いの役目に関しても消極的。だが、
時に驚くほどのリーダーシップを見せることも。

Memo

チーズで土手を作ると、

卵の黄身が流れにくく、きれい。

そば粉は薄力粉に替えてもOK。

より、もっちりとした食感になる

材料

（2枚分）

卵 … 3個

水 … 120㎖

A│ そば粉 … 60g
　│ 塩 … 小さじ¼

ベーコン（スライス・ハーフサイズ）… 8枚

ピザ用チーズ … 50g

パセリ（みじん切り）、粗びき黒こしょう、
　　ベビーリーフ … 各適量

作り方

1　ボウルに卵1個を割りほぐし、分量の水を加えて泡立て器でよく混ぜる。Aを加えて粉けがなくなり、なめらかになるまで混ぜる。

2　フライパンにペーパータオルでサラダ油（分量外）を薄く塗り、中火で熱する。1を半量流し入れて円形に広げる。

3　生地の中央にベーコン4枚を並べ、上にピザ用チーズ半量を土手のように円形にのせ、中に卵1個を割り入れる[a]。生地の表面が乾いてきたら、4辺を内側に折りたたんで四角形に整え[b]、器に盛る。残りも同様にして計2枚作る。

4　器に盛ったガレットにパセリ、粗びき黒こしょうをふり、ベビーリーフを添える。

Point

ピザ用チーズは円形にのせてから中に卵を割り落とすと、チーズが土手代わりになって卵が真ん中にきれいに収まる。

生地の周囲を4か所折りたたんで四角形にする。折りたたんだら軽く押さえると、溶けたチーズが接着剤代わりにもなる。

SR【頼もしい生徒】／ファウスト

育った国と、

暮らす国が違っても

慣れ親しんだ味は変わらず

Arrange

アボカドとサーモンの
ガレット

材料と作り方

ガレットの作り方1、2と同様にし、生地
の中央にピザ用チーズ適量をのせる。3
と同様にして四角形に整え、器に盛り、
食べやすく切ったアボカド、スモークサー
モン各適量をのせる。好みで粗びき黒こ
しょうをふり、ベビーリーフを添える。

レモンパイ

ブランシェット城主の奥方自慢のレモンパイ。
レモンの香りが口いっぱいに広がるさっぱりと爽やかな甘さは
食後のデザートにもお茶会にもぴったり

Comment

ブランシェットの奥様が
ヒースに焼いたものをお裾分けされた。
あんな美味いものが
この世に存在するなんて驚いた。
頭を殴られたような衝撃だった。
それ以来、レモンパイと聞くだけで
口の中に唾液が出る。

Shino
シノ

Profile

気が強く、物怖じしない性格。若いながらも
強い魔力を持っている。ブランシェット家の小
間使いで、ヒースクリフは幼馴染。身長が低
いことを少し気にしている。

Memo

パイの詰め物は、電子レンジで簡単にできる

カスタードクリームと輪切りのレモンだけ。

焼いているうちに酸味や皮の香りが移って

レモンカードのような美味しさに

材料

（直径18cmのタルト型1個分）

冷凍パイシート

　　（正方形のもの）… 2枚

レモン（国産）… 1個

打ち粉（強力粉）、溶き卵

　　… 各適量

カスタードクリーム

| 卵 … 1個

| 砂糖 … 大さじ4

| 薄力粉 … 大さじ2

| 牛乳 … 200㎖

ホイップクリーム、

　　ミントの葉 … 各適量

下準備

・冷凍パイシートは袋の
　表示通りに解凍する。

・オーブンは200℃に予熱する。

作り方

1　レモンは5mm厚さの輪切りにする。

2　カスタードクリームを作る。耐熱ボウルに卵を割りほぐし、砂糖を加えて泡立て器でよく混ぜる。薄力粉をふるいながら加え、粉っぽさがなくなるまで混ぜる。牛乳を少しずつ加え、その都度混ぜる。

3　ラップはしないで、2を電子レンジ（600W）で2分ほど加熱し、取り出して泡立て器で混ぜる。ラップをして電子レンジで1分ほど加熱し、取り出して混ぜ、再び電子レンジでさらに1分ほど加熱する。取り出して、泡立て器で持ち上げてとろりとするまで混ぜる（とろみが弱いようなら、同様にしてさらに30秒ほど加熱する）[a]。

4　パイシート1枚は打ち粉をふり、めん棒で型よりひと回り大きくのばす。型に敷き込んだら、めん棒でのばして余分な生地を除く[b]。フォークで刺して全体に穴をあける[c]。

5　4に3を流し入れて平らにし、1を並べる。

6　もう1枚のパイシートは1.5cm幅の帯状6枚に切り、型の直径より少し長くなるようにめん棒でのばす。5に格子状にのせ[d]、両端を型に押しつけ、余分な生地を除く。溶き卵をハケで塗る。

7　天板に6をのせ、200℃のオーブンで15分焼き、170℃に下げてさらに25分焼く。取り出して粗熱を取り、ホイップクリーム、ミントをトッピングする。

Point

[a]

カスタードクリームの出来上がり。冷めると少し硬くなるので、あつあつの時はすくうととろりとするくらいでよい。

[b]

生地を型の縁や側面に隙間ができないように敷き込んだら、上からめん棒を転がして切り目を入れ、手でそっと余分な生地を取り除く。

[c]

そのまま焼くと生地がふくらんでしまうので、フォークで穴をあけることで空気を逃がし、浮き上がるのを防ぐ。

[d]

パイ生地は縦に3本、横に3本重ねて格子状にする。はみ出した余分な生地は、指で型に押しつけて切り目を入れ、取り除く。

SR【報酬はもちろん】／シノ

初めて人から受けた
優しさの戸惑いは
甘酸っぱいレモンに似て

Arrange

レモンカスタード

材料と作り方

レモンパイの作り方3の最後に、レモン
½個分の絞り汁、皮のすりおろし適量を
加えて混ぜる。冷蔵庫でよく冷やし、ク
ラッカーやパンにつけていただく。

ココット

耐熱性の小さな器・ココット皿に、
とりどりの食材を詰めてオーブンで焼き上げた一品。
あつあつのうちに召し上がれ

子供の頃、毎朝のように
朝食に出ていました。味ももちろん
好きですけど、小さくて丸いココット皿に
卵と具材が詰められているところが、
子供部屋みたいで好きだったんです。
他のものは食べきれなくても、
このココット皿の中のものだけは全部
食べよう、と頑張っていました。

Heathcliff
ヒースクリフ

Profile

東の国の地方の大貴族、ブランシェット家の
子息。恵まれた容姿や能力とは裏腹に、人見
知りで引っ込み思案。幼馴染のシノのような、
はっきりとした自己主張に憧れている。

Memo

チーズ入りのマッシュポテトが食べごたえあり。

マカロニ菜の代わりに緑色のフジッリ、

双子鳥の卵の代わりに

ウズラの卵の卵黄を2つ割り入れて

材料

（2個分）

じゃがいも … 1個 (150g)

フジッリ（緑色・らせん状のショートパスタ）
　　　… 20g

A　牛乳 … 大さじ3
　　ピザ用チーズ … 30g
　　塩、こしょう … 各少々

ウズラの卵の卵黄 … 4個分

パセリ（みじん切り）… 適量

作り方

1　じゃがいもはひと口大に切る。耐熱ボウルに入れて水小さじ1（分量外）をふりかけ、ふんわりラップをして電子レンジ（600W）で3〜4分加熱する。取り出して熱いうちにフォークでつぶす。

2　鍋に湯を沸かし、フジッリを袋の表示時間通りゆで、湯をきる。

3　1にAを加えて[a]混ぜたら、2を加えてざっくりと混ぜ、耐熱容器に半量ずつ移し入れる。中央をくぼませて卵黄を2個分ずつのせ、オーブントースター（1000W）で焼き色がつくまで3〜4分焼く。パセリをふる。

Point

[a]

マッシュポテトにはバターの代わりにピザ用チーズを加えて、濃厚なコクともっちりした食感をプラス。

SR【朝一番のお手伝い】／ヒースクリフ

ささやかな一皿で思い出す

離れていても慕わしい

ブランシェット城の朝餐

Arrange

ポテトサラダの
ココットグラタン

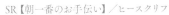

材料と作り方

ポテトサラダ（市販）適量を耐熱容器に入れて中央をくぼませ、ウズラの卵の卵黄2個分をのせ、オーブントースター（1000W）でこんがりと焼く。

アヒージョ

食欲をそそる香味野菜やハーブの香り、ぴりっとした辛みが
クセになる、具材をたっぷりの油で煮込んだ料理。
残ったオイルはバゲットにかけて、ガーリックトーストに

Comment

初めて食ったのは
どっかの店だったかな。
シンプルな料理だけど、その分
具材やスパイスで幾通りも変化する。
けど、まあ、実際そんな手はこんでねえ。
厨房で飯を作りながら飲む時、
つまみにちょうどいい。

Nero
ネロ

Profile

東の国の料理屋。面倒を避け、魔法使いであ
ることを隠して暮らしていた。無気力かつ他
人に無関心。だが、面倒見がよく心配性な一
面を見せることも。苦労人気質。

肉がごろごろ入ったアヒージョを再現するなら、

厚切りのブロックベーコンを主役に。

マッシュルームは形を残したまま加えても。

野菜や魚介類など、どんな具材も相性よし

材料

（2〜3人分）

ベーコン（ブロック）… 250g

マッシュルーム … 6個

にんにく（薄切り）… 2かけ

A｜オリーブオイル … 150mℓ

　｜塩 … 小さじ1

　｜ローズマリー … 1〜2枝

　｜赤唐辛子（輪切り）… 適量

下準備

・オーブンは180℃に予熱する。

作り方

1　マッシュルームは粗いみじん切りにする。Aのローズマリーは2〜3cm長さに切る。ベーコンは5cm幅に切る。

2　耐熱容器に1、にんにく、Aを入れ、180℃のオーブンで15分ほど加熱する。オーブンを使わない場合は、小鍋に材料をすべて入れ、弱火で熱する。ベーコンに焼き色がついたら裏返し、片面も同様に焼き色がつくまで熱する。

Point

むきエビ、ミニトマト、ブロッコリーなどを加えて具だくさんなアヒージョにするのもおすすめ。

いつでも食べ飽きないのは
手のこんだ料理よりも
シンプルな美味しさ

SR【玉ねぎの洗礼】／ネロ

Arrange

ガーリックトースト

材料と作り方

アヒージョの残ったオイルを食べやすく
切ったバゲット適量にかけ、オーブントー
スター（1000W）でこんがりと焼く。

西の国
—
Western Country

—
魔法科学が発展し、
経済的に豊かだが貧富の差も激しい。
新奇なものが尊ばれ
美食家も多いため
飲食店などの流行り廃りの移り変わりが早い。
西の国の魔法使いたちも
洗練された、華やかな料理を好む

サングリア

酒場の店主・シャイロックが、自分のために楽しむのは
ワインに果物を入れて、甘みと香りを移したサングリア。
お酒が苦手な賢者には、ジュースを使ってノンアルコールに

Comment

✦

こういった言い方は
誤解を招くかもしれませんが、ワインが
魔法使いの一生なら、サングリアは
人間の一生のようです。サングリアは
工夫や挑戦や遊びを楽しんで、その結果が
すぐに手に入るでしょう。放っておいたら、
飲めなくなってしまいますし。
ワインは忘れた頃が
一番美味しいですから。

✦

Shylock

シャイロック

Profile

西の国で魔法使い専門の酒場を経営してい
た。マイペースな性格で独自の美的センスを
持つ。同じ西の魔法使いのムルとは友人だが、
飼い主と飼い猫のような関係に近い。

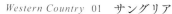

Memo

明るくきれいな色を楽しむなら、

赤ワインではなく白ワインに冷凍ベリーを

入れるのがおすすめ。いただく直前に

材料を混ぜ合わせ、フルーツを飾って

材料

（2〜3人分）

いちご … 8個

りんご … ½個

A | 白ワイン … 350㎖
　　　冷凍ミックスベリー … 50g
　　　砂糖 … 大さじ4

B | いちご、ミントの葉 … 各適量

作り方

1　いちご8個は縦半分に切り、ヘタの部分をVの形に切り取ってハート形に飾り切りする。りんごは皮つきのまま1cm厚さのいちょう切りにする。

2　ピッチャーなどに1、**A**を入れ[a]、よく混ぜる。

3　飾り用の**B**のいちごは、縦4等分に切り、断面に1か所切り込みを入れる。グラスに2を注ぎ、飾り用のいちごをグラスの縁に飾り、ミントを添える。

Point

[a]

冷凍ミックスベリーを加えることで白ワインがほんのりピンク色になる。砂糖を溶かす際は、フルーツを崩さないように注意して。

重なり合って味わいを増す

みずみずしいフルーツと

香り高いワイン

SR【あなたもご一緒に】／シャイロック

Arrange

ノンアルコール
サングリア

材料と作り方

サングリアの白ワインと砂糖の代わりに、りんごジュースまたは白ぶどうジュース適量にする。

ムニエル

猫のように気まぐれなムルが、変わらず好む魚料理。
皮目はカリッと、身はふわっと柔らかく焼き上げたら
思わず回りだしたくなるような美味しさ！

Comment

魚のムニエルは美味しくないけど、
美味しい魚のムニエルは本当に美味しい！
魚の皮なんて生臭いものが、
高貴で繊細で淡泊かつ
濃厚な味わいに変わる！
あの魔法を味わいたくて
いつもムニエルを頼んじゃう！

Murr
ムル

Profile

昔は知恵者と呼ばれるほどの天才学者だった
が、ある事件をきっかけに魂が砕け散り、ト
リッキーな猫のような性格になっている。＜大
いなる厄災＞に特別な感情を抱いている。

Memo

小麦粉をまぶして焼くことで、身が崩れず
小麦とバターの香りも魚の身によくなじむ。
添えられたレモンの風味を引き立てるため
ソースにもレモンの皮をプラス

材料

（2人分）

タイの切り身 … 2切れ
塩 … 小さじ½
薄力粉 … 適量
いんげん … 2本
レモン（国産）… 1個
バター … 20g
A｜みりん … 大さじ2
　｜しょうゆ … 小さじ1
イタリアンパセリ（みじん切り）… 適量

作り方

1　タイは塩をふって10分ほどおく。ペーパータオルで水気を拭き、薄力粉を両面にまぶす[a]。

2　いんげんは2cm幅の斜め切りにする。レモンは飾り用に2枚輪切りにする。残りは皮をすりおろし、果汁大さじ1½を絞っておく。

3　フライパンにバターを中火で溶かし、1を皮目を下にして並べて焼く。焼き色がついたら裏返し、あいたところに2のいんげんを加え、弱火で転がしながら火を通す。器に盛る。

4　3のフライパンにA、2のレモンの皮と果汁を入れて中火にかけ[b]、さっと煮立たせる。

5　3に4をかけ、2のレモンの輪切りを添え、イタリアンパセリをふる。

Point

[a]

薄力粉は茶こしを通してふると、まんべんなく薄くつけることができる。

[b]

レモンの果汁と皮は加熱しすぎると風味が飛ぶので、煮立ったらすぐに火を止める。

SR【追跡開始】／ムル

淡泊な魚が
極上の味わいに変わる
料理の魔法

Arrange

レモンバター
パスタ

材料と作り方

作り方3のタイの身をほぐし、いんげん（作り方3）、ゆでた好みのショートパスタ適量を加えてあえる。器に盛り、レモン（輪切り）を添え、イタリアンパセリ（みじん切り）を散らす。

グラタン

チーズたっぷりのグラタンは
魔法の師とともに各国を旅したクロエのお気に入り。
クリーミーな口当たりと焦げたチーズの香ばしさがたまらない

グラタンはラスティカと
旅をしてる時に初めて食べたんだ。
こんなに熱そうなものどうやって
食べたらいいんだろうって思ってたけど、
勇気を出して口に入れたら
すごく美味しかった！
今は舌が火傷するくらいなのが
好きだよ！

＊

Chloe

クロエ

Profile

明るく社交的な性格。しっかり者だが落ち込
みやすく、たまに自信を失ってしまうことも。
仕立て屋を目指しながら、魔法の師匠である
ラスティカと旅をしている。

Memo

野菜を炒める時に小麦粉を加えると、
市販のホワイトソースを使わなくても
とろみがつく。パンの中身をくり抜いて
器代わりにすると、グラタンパンに

材料

（2〜3人分）

鶏もも肉 … ½枚
塩 … 小さじ⅓
玉ねぎ … ¼個
じゃがいも … 1個
サラダ油 … 大さじ½
バター … 20g
薄力粉 … 大さじ2
A｜牛乳 … 250mℓ
　｜顆粒コンソメ … 小さじ1
ピザ用チーズ … 50g
B｜パン粉 … 大さじ2
　｜オリーブオイル … 大さじ1
　｜パセリ（みじん切り）… 小さじ1

下準備

・オーブンは180℃に予熱する。

作り方

1 鶏肉は小さめのひと口大に切り、塩をふる。玉ねぎは薄切り、じゃがいもは薄い半月切りにする。

2 深めのフライパンにサラダ油を中火で熱し、1の鶏肉を入れて両面の色が白く変わるまで焼き、取り出す。

3 2のフライパンにバター、1の玉ねぎを入れて中火でしんなりするまで炒め、じゃがいもを加えてさらに炒める。

4 3に薄力粉を加え、全体になじませながら炒める。弱火にしてAを⅓量ずつ加え、その都度木ベラなどで混ぜ、全体にとろみがつくまで混ぜながら煮る。2を戻し入れ、弱火で5分ほど煮る[a]。

5 耐熱容器に4を入れ、ピザ用チーズを散らし、混ぜ合わせたBをふる。天板にのせ、180℃のオーブンで焼き色がつくまで10〜15分焼く。

Point

[a]

オーブンで焼くと硬くなるので、ここでの
仕上がりはややゆるめに感じる程度で
OK。

SR【はちゃめちゃステップ】／クロエ

旅に出て広がった世界。

新しい出合いの喜びは

人とも、ものとも、料理とも

Arrange

グラタンパン

材料と作り方

丸いパン（ブールなど）は包丁で上部を切り落とし、底に穴をあけないように中身をくり抜いて器の代わりにし、作り方4を詰める。あとは同様に焼く。

ダリオール

小ぶりでおしゃれなお菓子は、
西の国、豊かの街の魔法使い専門店のものが特に有名。
紅茶とともにのんびりとティータイムを楽しんで

Comment

申し訳ありませんが、
ダリオールについての思い出は
忘れてしまいました。
ですが、とても好きですよ。

Rustica
ラスティカ

Profile

のんびり屋だが、上品で紳士的な性格。弟子
のクロエと世界中を巡り、自分のいなくなった
花嫁を探している。生活能力が低く、クロエ
に世話を焼かれていることが多い。

Memo

温かいうちなら、フォークを入れると

中からチョコレートがとろっと溶け出す。

プリン型がない場合は、耐熱容器で作って、

あつあつをすくって食べても

材料

（容量110mℓのプリン型4個分）

板チョコレート（ミルク）… 80g

バター（無塩）… 50g

卵 … 1個

砂糖 … 20g

ホットケーキミックス … 50g

コーヒークリーム

　生クリーム … 200mℓ

　砂糖 … 大さじ2

A ｜ インスタントコーヒー、湯

　　　 … 各大さじ1

いちごソース

　いちご … 100g

　砂糖 … 大さじ3

　レモン汁 … 小さじ1

いちご、粉糖、ミントの葉 … 各適量

下準備

・オーブンは170℃に予熱する。

作り方

1 板チョコレートは細かく刻んで耐熱ボウルに入れ、バターを加え、ラップはせずに電子レンジ（600W）で2分ほど加熱する[a]。取り出して、泡立て器で溶かしながら混ぜる。

2 1に卵を割り入れ、砂糖も加えて泡立て器でしっかり混ぜ、ホットケーキミックスを加えて粉っぽさがなくなるまで、さらに混ぜる。

3 プリン型に2を七〜八分目まで流し入れる[b]。天板にのせ、170℃のオーブンで10分ほど焼く。取り出して粗熱を取り、型から外す。

4 コーヒークリームを作る。ボウルに生クリーム、砂糖を入れてボウルの底を氷水にあてて冷やしながら、泡立て器で角が立つまで泡立てる。混ぜ合わせたAを加え、均一になるように混ぜる。

5 いちごソースを作る。ミキサーにいちご、砂糖、レモン汁を入れ、なめらかになるまで攪拌する。

6 トッピング用のいちごは縦半分に切り、ヘタの部分をVの形に切り取ってハート形に飾り切りする。

7 器に3を盛り、4、5、6、粉糖、ミントをトッピングする。

Point

[a]

電子レンジで加熱後の状態。混ぜながら余熱で溶かすので、チョコレートの粒が多少残っていても問題なし。

[b]

焼いている間にふくらむので、型の七〜八分目を目安に余裕をもって入れる。生地が余っても注ぎ足さずに、別のカップに入れて。

SR【響く歌声】／ラスティカ

気ままなお茶の時間を
彩るのは、おしゃべりと
美味しいお菓子

Arrange

ベリーの
フォンダンショコラ

材料と作り方

プリン型がない場合はココットなどの耐
熱容器を利用してもOK。ダリオールの
生地（作り方2）にラズベリーなど好みのベ
リー類適量を加えて同様に焼く。

南の国

—

Southern Country

—

荒野や岩山が多く、
国土の多くは未開拓の土地で
魔法使いと人間たちが
協力し合いながら暮らす。
農耕や牧畜に従事する者が多く、
自給自足の牧歌的な暮らしを営む。
土地の食材を使った素朴な料理が基本

鮮魚のカルパッチョ

ソースの鮮やかな赤が印象的なカルパッチョは
フィガロの好きなお酒とも相性よし。
彩りがよく、おもてなしのメニューにもおすすめ

Comment

最初に食べたのは生の牛肉だったな。
旅先で人助けをしたら、お礼に好きな
食べ物を作ってくれるって言われてね。
カルパッチョをリクエストしたんだけど、
牛はいなかったから生魚で出してくれたんだよ。
抵抗感？ 正直あったよ。
言わなかったけどね。だけど、
食べてみたら意外とお酒にあってさ。
それからずっと好きだな。

Figaro
フィガロ

Profile

南の国の医者。知識が豊富で優しい性格だ
が、飄々としていて、どこか計り知れない雰囲
気を持つ。社交的で顔が広く、国を問わず魔
法使いにも知り合いが多い。

Memo

トマト、ルッコラ、ピンクペッパーと

個性が異なるトッピングは、どれも魚介と好相性。

白身魚の刺身は、タイ以外でもお好みで。

ほたてやサーモンをトマトソースでマリネしても

材料

（2〜3人分）

タイの刺身 … 12切れ（100g）

トマト … ½個

A｜オリーブオイル … 大さじ1
　｜レモン汁 … 大さじ½
　｜塩 … 小さじ½
　｜砂糖 … ひとつまみ

レモン（国産・輪切り）… 3〜4切れ

ルッコラ、ピンクペッパー … 各適量

作り方

1　トマトは角切りにし、混ぜ合わせたAと合わせる［a］。

2　器にタイとレモンを盛り、ルッコラをちぎってのせ、1をかけてピンクペッパーを散らす。

Point

［a］

生のトマトを使うことで、トマトの甘酸っぱ
さや調味料の風味が活きたソースになる。

SR【おとなの絵本】／フィガロ

組み合わせる食材で
印象が変わる
複雑な奥行きを楽しんで

Arrange

魚介の
トマトマリネ

材料と作り方

刺身用ほたて、サーモン、レモン（輪切り）
各適量を器に盛り、鮮魚のカルパッチョ
のトマトソース（作り方1）であえる。

エッグベネディクト

ポーチドエッグの半熟の黄身と、コクのあるソースで
具材がいつもよりリッチな味わいに。
朝食にぴったりの一皿はルチルのお気に入り

Comment

子供の頃、隣の村を訪ねた時、
ごちそうして貰ったんです。
すごく美味しくて、私と母様は大感激しました。
同じ物が食べたいとねだったら、
父様が作ってくれました。そのうち母様も
作れるようになって、私も作れるように
なりました。毎日でも食べたいですが、
ちょっと手間がかかりますよね。

Rutile

ルチル

Profile

ミチルの兄で学校の教師。優しくおっとりとし
た性格。 幼い頃に両親を亡くし、周囲の人々
に助けられながら兄弟で暮らしてきた。魔法
使いと人間が共生する未来を信じている。

Memo

マヨネーズと卵黄を混ぜ合わせた

〝なんちゃって〞オランデーズソースは

手軽にできるのにリッチなコク。

ホットサンド風にして食べても

材料

(2人分)

イングリッシュマフィン … 2個

バター … 適量

アボカド … ½個

A │ レモン汁 … 小さじ1
　 │ 塩、こしょう … 各少々

ベーコン (スライス・ハーフサイズ) … 4枚

卵 … 2個

オリーブオイル … 小さじ1

B │ 卵黄 … 1個分
　 │ マヨネーズ … 大さじ2
　 │ レモン汁 … 大さじ½

パセリ (みじん切り)、フリルレタス、
　ミニトマト … 各適量

作り方

1　イングリッシュマフィンは厚みを半分に切り、オーブントースター (1000W) で焼き色がつくまで2〜3分焼き、バターを塗る。

2　アボカドは中身をスプーンでかき出してボウルに入れ、粗くつぶしてAを加えて混ぜる。

3　フライパンにオリーブオイルを中火で熱し、ベーコンを入れて両面をこんがりと焼く。

4　卵は1個ずつ小さいカップに割り入れる。

5　鍋に500mlの熱湯 (分量外) を沸かし、酢大さじ2 (分量外) を加え [a]、箸でぐるぐる混ぜて渦を作る。4を1個静かに落とし入れ、卵にさわらないように箸で湯を混ぜながら弱火で2分ほどゆでる [b]。お玉で割れないようにすくって、水気をきる。残りも同様にして計2個作る。

6　1の片側に2を半量ずつ塗って器に盛り、3を2枚ずつ、5を1個ずつのせる。混ぜ合わせたBを半量ずつかけ、パセリをふる。残りの1をのせ、フリルレタス、ミニトマトを添える。

Point

[a]

[b]

酢を入れることで、卵の白身のたんぱく質が硬く締まる。

箸で対流を作ると、湯に落とした卵が丸くきれいに固まる。

遠い日の家族の食卓が
呼び起こされる
なつかしい味わい

SR【美味しさに酔いしれて】／ルチル

Arrange

エッグベネディクト風
ホットサンド

材料と作り方

卵2個は両面焼きの目玉焼きにする。食パン2枚はオーブントースター（1000W）で焼き、エッグベネディクトの作り方2、3、目玉焼き、混ぜ合わせたBをはさむ。好みでピクルス、イタリアンパセリを添える。

ラクレット

熱で溶かしたチーズに、じゃがいもなどの野菜や
ベーコンをからめて食べるシンプルな料理。
野営や放牧など、戸外で楽しむ食事としても

Comment

従軍していた時に、
焚き火でチーズを炙って芋や野菜に
のせて食べたら美味かったんです。
俺が感激していたのが珍しかったのか、
しばらくチーズの塊を配給されるたび
ファウスト様が「炙るか?」と言って
魔法で炎を出してくれました。

Lennox
レノックス

Profile

寡黙な羊飼いの青年。一見近寄りがたい雰
囲気だが、とても誠実で、フィガロや他の南の
魔法使いたちからの信頼も厚い。魔法を使う
よりも、素手で戦うほうが得意らしい。

Memo

ラクレットはまろやかなコクとナッツのような
香りが特徴のチーズ。
じゃがいもなどの野菜やベーコンはもちろん、
フルーツと合わせても美味しい

材料

（2人分）

ラクレット（薄く切る）… 適量
ベーコン（ブロック）… 50g
じゃがいも … 1個（100g）
ブロッコリー … ¼個（60g）
ミニトマト … 2個
オリーブオイル … 大さじ1
塩、こしょう … 各少々
粗びき黒こしょう … 少々

作り方

1　じゃがいもは皮つきのまま4等分に切り、耐熱皿に入れて水小さじ1（分量外）をふりかけ、ふんわりラップをして電子レンジ（600W）で3〜4分加熱する。ブロッコリーは小房に分け、耐熱皿に入れて水小さじ1（分量外）をふりかけ、電子レンジ（600W）で2分ほど加熱する。ベーコンは食べやすい厚さに切る。

2　フライパンにオリーブオイルを入れ、1、ミニトマトを入れて塩、こしょうをふる。中火にかけ、全体に焼き色がつくまで焼く。

3　小鍋にラクレットを入れ、中火にかけて溶かす。

4　器に2を盛り、3をかけ、粗びき黒こしょうをふる。

Point

熱を加えると風味が増すラクレットは、溶けやすいよう薄めにカットする。ラクレットがない場合はピザ用チーズ50gに白ワイン大さじ1を加えて、作り方3と同様にして溶かす。

華美さはなくても
素材そのものの魅力で
味わうほどに豊かな美味しさ

SR【お互い様な関係】／レノックス

Arrange

フルーツ
ラクレット

材料と作り方

バナナ、りんご、いちご各適量は食べやす
く切る。フライパンにオリーブオイル適量
を熱してさっと焼き、器に盛る。溶かした
ラクレット（ラクレットの作り方3）をかけ、粗
びき黒こしょうをふる。

ロリトデポロ

ルチルとミチルの兄弟が育った南の国、雲の街の郷土料理。
目に楽しい野菜の肉巻きは、お肉好きにはたまらない！
見た目が華やかなのでお祝いの場でも食べられる

Comment

ボクたちの住む
地方にある郷土料理で、
ちょっと手の込んだごちそうです。
賢者の魔法使いだったおばあさんの
得意料理でした。レシピを教わって
作ったことがあったけど、
同じ味にならなくて……。
また食べたいなあ。

Mitile
ミチル

Profile

ルチルの弟。生意気なところもあるが、甘えん
坊な末っ子気質。素直で正直で一生懸命な
少年。強い魔法使いになるためフィガロのもと
で修行中。中央の国のリケと仲がいい。

Memo

開いた鶏もも肉ではなく、

ベーコンに鶏ひき肉をのせて巻き、

レンジ加熱する作り方なら

巻きやすく、切った断面もきれいに仕上がる

材料

（2〜3人分）

鶏ももひき肉 … 200g

A｜酒 … 大さじ½

　｜塩、こしょう … 各少々

ベーコン（スライス・レギュラーサイズ）… 5枚

にんじん … ⅓本（40g）

デーツ（なければレーズン適量でも）… 4粒

いんげん … 5本（30g）

ヤングコーン（水煮）… 4本（40g）

B｜はちみつ … 大さじ1

　｜しょうゆ … 大さじ½

バジル、エディブルフラワー … 各適量

作り方

1　にんじんは5mm角の棒状に切る。デーツは細かく刻む。

2　ボウルにひき肉、Aを入れて混ぜる。

3　ラップを30cmほど広げ、ベーコンを、長い辺が少しずつ重なるように5枚並べ、2を、奥を2cm、手前を1cmほどあけて平らに広げる。中央に1、いんげん、ヤングコーンを横向きに並べ[a]、手前からラップごと巻き[b]、両端のラップをひねって閉じる。

4　耐熱皿に3を閉じ目を下にして置き[c]、電子レンジ（600W）で4分ほど加熱する。取り出して裏返し、再び電子レンジで2分ほど加熱する。ラップごと取り出す。

5　耐熱皿に残った汁をフライパンに入れ、Bを加えて中火にかけて少し煮詰める。

6　4のラップを外して食べやすく切って器に盛り、5をかけ、バジル、エディブルフラワーを飾る。

Point

[a]

巻いたときに肉だねがはみ出さないように、手前と奥には広げないでおく。

[b]

ラップを引っぱるようにして手前から奥に巻き、巻き終わったら全体を軽く押さえて筒状に形を整える。

[c]

加熱中に巻きがほどけるのを防ぐため、閉じ目を下にして加熱する。

大切な人と食べたい

生まれ故郷の

お祝いの日の料理

Arrange

チキンローフ

材料と作り方

ロリトデポロの肉だね（作り方2）を2倍量作る。パウンドケーキ型にベーコン適量を型から両端がはみ出るように少しずつ重ねて並べる。肉だね⅓量を入れて平らにし、ゆで卵3〜4個を並べて入れる。残りの肉だね、野菜を彩りよく詰め、はみ出ているベーコンをかぶせる。180℃に予熱したオーブンで25分ほど焼く。型から出して食べやすく切る。

特別な日の料理

Special Occasion Menu

季節ごとにさまざまなイベントが起こる魔法舎。
賢者と魔法使いたちがこれまでに味わった
特別な日の料理をご紹介します

アスピック

色とりどりの野菜やハムが入ったゼリー寄せ。
ぱっと目を引く星の形は七夕のお祝いにもぴったり

材料
（星型1個分）

ロースハム（ブロック）… 50g
トマト … 小1個
スナップエンドウ … 3本
にんじん … ⅙本
A｜水 … 50㎖
　｜粉ゼラチン … 20g
B｜水 … 350㎖
　｜顆粒コンソメ … 小さじ2
C｜マヨネーズ … 大さじ3
　｜レモン汁 … 小さじ1
　｜砂糖 … ひとつまみ
パセリ（みじん切り）、バジル、ミニトマト
　　… 各適量

下準備

牛乳パックを切り開く。底面をカットし、横4等分に切る[A]。折り目に従い、谷折り山折りを交互に折り、1辺ずつ重ねてホチキスで留め[B]、星型にする[C]。ホチキスで留めた部分に、帯状に切ったアルミ箔を型の内側から外側に折りたたむように巻く。

[A]

洗ってよく乾かした牛乳パックを縦に切り開く。底面をカットし、横4等分にする。

[B]

切ったパックを1辺ずつ重なるように留めていく。3本分留めると5角形の星形になるので、4本目は2辺を切り、両端をつなぐように留める。

[C]

すべて留め終わったら、手で形を整えて星型にする。

作り方

1 ハムは1.5cm角に切る。トマトは1cm厚さの半月切りにする。スナップエンドウは熱湯で色よくゆでて水気をきり、さやを開く。にんじんは1cm角に切り、熱湯でゆでて水気をきる。

2 小さいボウルにAの水を入れ、粉ゼラチンをふり入れてふやかす。

3 小鍋にBを入れて中火にかけ、煮立ったら火を止め、2を加えて木ベラなどで混ぜて溶かす。

4 3の鍋底を氷水にあてて、混ぜながらとろみがつくまで冷やす。

5 バットにはみ出すくらい大きくラップを敷き、中央に星型を置く。ラップで底と側面を包むようにして覆ってから4を1/3量流し入れ、1を1/3量彩りよく散らす。残りもこれを2回繰り返して型に入れる。型のまわりに濡れぶきんなどを置いて型を固定し、冷蔵庫に入れて3時間以上冷やし固める。

6 器に5をラップごとのせて型を外す（外しにくい場合は、型に沿ってナイフで1周切り込みを入れる）。少し持ち上げてラップの上から底に手をあてて少し温めてからゆっくりとラップを引き抜いて器に盛る。スプーンを熱湯（分量外）につけて温め、星型の尖った部分にスプーンの背をあててゼラチンを少し溶かし、角を丸くする[a]。

7 6に混ぜ合わせたCを添え、パセリ、バジル、ミニトマトを飾る。

Arrange

長方形のアスピック

材料と作り方

牛乳パック（500ml）は、注ぎ口を開いて切り落とし、長方形の型にする。作り方4のゼリー液、具材を1/3量ずつ流し入れ冷やし固め、側面を切り開いて取り出す。

Point

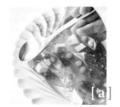
[a]

星の角が尖っている場合は、温めたスプーンの背をあてると、ほどよく丸くなる。スプーンを温めながら作業する。

かぼちゃのキッシュ

ジャック・オ・ランタンに、お化けやクモの巣……
ハロウィンの人気者が勢ぞろい。インパクトは抜群！

材料

（直径18cmのタルト型1個分）

かぼちゃ … ¼個（400g）
玉ねぎ … ¼個
ベーコン（スライス・レギュラーサイズ）
　… 2枚
塩、こしょう … 各適量
オリーブオイル … 大さじ½
A ┃ 卵 … 1個
　　┃ 生クリーム … 100ml
　　┃ ピザ用チーズ … 30g
冷凍パイシート（正方形のもの）
　… 1枚
打ち粉（強力粉） … 適量
ギョウザの皮、チョコペン、
　トマトケチャップ … 各適量

下準備

・冷凍パイシートは袋の表示
　通りに解凍する。
・オーブンは180℃に予熱する。

作り方

1 かぼちゃはラップで包み、電子レンジ（600W）で2分ほど加熱する。取り出してラップを外し、5mm厚さの薄切りを数枚切り、さらに3cm長さに切る（10枚作る）。

2 耐熱皿に残りのかぼちゃを入れ、ふんわりラップをして電子レンジ（600W）で5分ほど加熱する。取り出して皮を破かないようにして、実をスプーンでかき出し、フォークでつぶす。つぶしたかぼちゃ50gを取り分けて、塩、こしょう各少々を加えて混ぜ、ラップに包んで帽子の形に成形する[a]。皮は帽子と顔のパーツ用に切る[b]。残りのつぶしたかぼちゃはとっておく。

3 玉ねぎは薄切りにし、ベーコンは1cm幅に切る。フライパンにオリーブオイルを熱し、玉ねぎ、ベーコンを入れてしんなりするまで炒め、塩、こしょう各少々をふる。

4 ボウルに**A**を入れて混ぜ、3、2の残しておいたつぶしたかぼちゃを加えて混ぜる。

Point

ラップに包んで、つばの部分を広げた円錐形にする。

かぼちゃの皮をキッチンバサミで目、鼻、口、帽子のパーツの形に切る。

ギョウザの皮をキッチンバサミでお化けの形と、骨の形に切る。

5 パイシートは打ち粉をふり、めん棒で型よりひと回り大きくのばす。型に敷き込み、余分な生地を除く。フォークで刺して全体に穴をあけ、4を入れて平らにし、1を上下に並べる。

6 天板に5をのせ、180℃のオーブンで20〜25分焼く。途中、焦げそうになったらアルミ箔をかぶせる。

7 焼いている間にお化けのパーツを作る。ギョウザの皮をハサミでお化けと骨の形に切り[c]、オーブントースター（1000W）で軽く焼き色がつくまで焼く。冷ましてチョコペンで顔を描く。

8 6を取り出して粗熱を取り、型から外して器に盛る。2の帽子と顔のパーツ、7をトッピングし、トマトケチャップでクモの巣を描く。

Arrange

かぼちゃのポタージュ

材料と作り方

耐熱ボウルにかぼちゃのキッシュの作り方2でつぶしたかぼちゃ150g、牛乳150mℓ、バター10g、塩・こしょう各少々を入れ、ふんわりラップをして電子レンジ（600W）で2分30秒ほど加熱する。取り出してブレンダーでなめらかになるまで攪拌する。器に盛り、生クリーム適量、パセリ（みじん切り）、7のお化けのパーツをトッピングする。

アクアパッツァ

記念日に作りたい、まるごと1尾の魚を使ったお祝い料理。
尾ひれをカラフルに飾ったら、いっそう華やかに

材料

(2〜3人分)

真ダイ … 1尾
塩 … 適量
あさり（砂抜き済みのもの）… 150g
ミニトマト … 8個
ブラックオリーブ（種抜き）… 5個
紫大根 … 適量
オリーブオイル … 大さじ1
にんにく（みじん切り）… 1かけ
A　水 … 150mℓ
　　白ワイン … 50mℓ
　　顆粒鶏ガラスープの素
　　　… 小さじ1
バジル、レモン（国産・輪切り）
　　… 各適量

作り方

1 タイは内臓、うろこを除く。包丁で皮目に2、3か所切り込みを入れて両面に塩少々をふり、5分ほどおいて水気を拭く。

2 ミニトマトは半分に切り、ブラックオリーブは輪切りにする。紫大根は煮込み用に5mm厚さの輪切りを5枚切って星型で抜く。

3 さらに、紫大根は尾ひれの飾り用にごく薄い輪切りを8枚切る。塩少々をふって5分ほどおき、水気を拭いて半分に折り、重ねて尾ひれの形にしてから酢大さじ1（分量外）をかける[a]。

4 フライパンにクッキングシートを敷き（フライパンからはみ出しすぎると燃えるので注意）、オリーブオイル、にんにくを入れて中火で熱し、香りが立ったら1を入れ[b]、焼き色がつくまで3分ほど焼く。クッキングシートを引き抜きながら裏返す[c]。

5 4にあさり、Aを加えてフタをする。煮立ったら弱火で10分ほど煮て2を加え、再びフタをして、さらに3分ほど煮る。

6 器に5を盛り、尾に3をのせ、レモン、バジルを添える。

Point

[a]
紫大根は酢をかけると鮮やかな紫色になる。

[b]
クッキングシートを敷いて焼くことで身が崩れにくくなり、皮がはがれない。

[c]
クッキングシートを上に持ち上げるようにして引き抜きながら、タイを裏返す。返しにくい場合はフライ返しを添えて。

Arrange

リゾット

材料と作り方
小鍋にアクアパッツァのスープ、具材、温かいご飯
各適量を入れて火にかけ、ひと煮する。器に盛り、
粉チーズ適量をかけ、バジルを飾る。

スタッフドエッグ

ゆで卵の黄身をくり抜き、器代わりの白身にかわいく盛りつけ。
カラフルなイースターエッグとともに楽しんで

材料

（6個分）

卵 … 3個

A	マヨネーズ … 大さじ3
	牛乳 … 大さじ1
	塩、こしょう … 各少々

フリルレタス、ミニトマト … 各適量

| B | マヨネーズ … 大さじ2 |
| | レモン汁 … 大さじ½ |

C	パセリ（みじん切り）、パプリカパウダー、
	ブラックオリーブ（スライス）、
	レモン（国産・いちょう切り）、
	バジル、きゅうり（輪切り）、
	ポテトスナック … 各適量

作り方

1 鍋に湯を沸かし、卵を入れて12分ゆで、冷水にとって殻をむく。横半分に切り、黄身と白身に分ける（好みで白身の縁にペティナイフでジグザグに切れ目を入れてもよい）。

2 ポリ袋に1の黄身、Aを入れ、袋の上からなめらかになるまでもむ[a]。袋の端を1か所ハサミで切り[b]、白身に等分に絞り出す。

3 器にフリルレタスを敷いて2、ミニトマトを盛り、好みで混ぜ合わせたBをかけ、Cをトッピングする。

Point

[a]

[b]

黄身の粒が残らないように、袋の上からつぶすようにしてもむ。

袋の端は1cmくらいを目安に切ると、絞り出しやすい。

Arrange

イースターエッグ

材料と作り方

水100mℓに好みの食紅小さじ¼〜½を入れて混ぜ、ゆで卵を殻つきのまま2〜3時間ほど漬ける。

ホットチョコレート

定番のホットチョコレートをバレンタインデー仕様に。
クリームやチョコレートのおめかしで見た目もスイート

材料

（1人分）

板チョコレート（ミルク）… ½枚（25〜30g）

牛乳 … 200〜250㎖

ホイップクリーム、巻きチョコ、
　　ローストアーモンド（砕く）、
　　チョコレートソース（市販）… 各適量

作り方

1 板チョコレートは細かく刻む。

2 耐熱グラスに**1**を入れ、ふんわりラップをして電子レンジ（600W）
で1分ほど加熱する。取り出し、スプーンで混ぜて溶かす。

3 別の耐熱容器に牛乳を入れ、ラップをしないで電子レンジ（600
W）で2分ほど加熱し、**2**に八分目まで静かに注ぐ[a]。

4 **3**にホイップクリームを絞り、巻きチョコ、アーモンド、チョコレート
ソースをトッピングする[b]。

Point

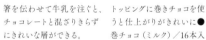

[a]

[b]

箸を伝わせて牛乳を注ぐと、
チョコレートと混ざりきらず
にきれいな層ができる。

トッピングに巻きチョコを使
うと仕上がりがきれいに●
巻チョコ（ミルク）／16本入
¥345（富澤商店）

Arrange

ホットマシュマロチョコレート

材料と作り方

牛乳200〜250㎖はホットチョコレートの作り方3
と同様にして温め、マシュマロ適量を加えて軽く
混ぜる。2の器に静かに注ぎ、ココアパウダー適量
をふる。

Special
Interview

都志見文太 <ruby>都<rt>つ</rt></ruby><ruby>志<rt>し</rt></ruby><ruby>見<rt>み</rt></ruby><ruby>文<rt>ぶん</rt></ruby><ruby>太<rt>た</rt></ruby>さん

『魔法使いの約束』の大きな魅力として、風土や文化の異なる5つの国からなる緻密な世界観、キャラクターたちの内面や、変化していく関係性のこまやかな描き方が挙げられます。そして、物語のなかで印象的に語られるのが、この世界独自の食材や料理の数々。ときに、キャラクターの背景を読み解く鍵であったり、親密さを感じさせる象徴であったりもします。重厚な物語と、繊細な心理描写で作品に命を吹き込む、シナリオライターの都志見文太さんにお話を伺いました。

──『魔法使いの約束』は、料理のディテールが細かく描かれているのが印象的です。ご執筆時に、意識されてのことでしょうか?

都志見文太さん(以下都志見)　キャラの嗜好が強く出る描写のひとつとし

て大事にしています。魔法使いは魔法で環境や温度管理ができるので、「衣食住」のうち、生命維持としての「食」は、特に性格が出やすい気がします。

──リケとネロが食を通じて仲良くなったり、恐れられている魔法使いのオーエンが極度の甘党だったりと、キャラクター同士の関係性や性格を描写する際にも、食べ物が効果的に用いられているように感じます。「食」を描くうえで大事にされていることはありますか?

都志見　北の国の魔法使いは強者・捕食者という印象をつけたかったので、食べ方については荒っぽく、少し汚く見えるような描写をしています。また、現代日本とは違い、明かりもスマホもない退屈で不便な夜を過ごすのに、娯楽になるものといえば、酒や食事や音楽……となるため、全体の世界観としても「食の快楽」「食への欲望」に対する重要性は高めと設定しています。

――日本から来た、前任の賢者が、異世界の食材で日本食の味を再現しようと奮闘した痕跡があったり、ブラッドリーが「飯は薬と同じ」と、ネロの食事を評価するなど、食の重要性についてたびたび触れられています。「人が環境に順応するためには美味しいご飯が絶対必要」という言葉も登場しますが、先生ご自身のお考えでもありますか？

都志見　食べるものが馴染まないと、気疲れするんじゃないかなと感じています。どこかで連泊することになった時、食事がずっと合わないとか……。海外旅行が好きな人からも「日本食を食べるとホッとする」という話題はよく聞きます。

――各キャラクターの食の嗜好は、どのようにして考えていますか？

都志見　生まれた環境によって何がごちそうになるのか？　という部分は考えています。

――どの国で生まれ育つかによっても変わりそうですね。5つの国ごとに食文化の違いはどのように設定されていますか？

都志見　それぞれベンチマークにする国を作って、全体的な文化を寄せています。たとえば南の国は、海がないと仮定したスペインやトルコ……という感じに。あとは日本と違って、全体的に水が潤沢でない地域だということはざっくりイメージしながら作っています。

――調理法や食文化も時代とともに変化しそうですが、地域性の違いだけでなく、食にまつわるジェネレーションギャップなどもあり得るのでしょうか？

都志見　昔は食べていたけど食べる習慣がなくなったとか、絶滅して手に入らなくなった食材などは多々ありそうです。食材は人間を介して手に入れることが多そうですが、100%自活することを趣味にしていたり、石※だけ食べて暮らしている魔法使いは、文化に置いていかれることがあるのかもしれません。

——登場する食材や料理のうち、先生ご自身が実際に食べてみたいものはありますか?

都志見　食べると体が光る「月光樹の実」と、食べると髪が伸びる「ラプンツェル豆」です。

月光樹の実

ラプンツェル豆

——「なんでも素揚げにしてしまう」カインなど、料理人であるネロ以外にも料理の腕前が描写される場面がありますが、料理が「得意そう」または「苦手そう」だと思われるキャラクターはいますか?

都志見　ミスラ、オーエン、ラスティカあたりは上手くはなさそう。オズも成長してそうですが最初は下手だったと思います。シャイロックもお店で料理を出すのでそれなりに得意だと思いますが、やはり味にこだわりを持って長年作っているネロが別格で上手いです。

——「食」への思いを伺い、『魔法使いの約束』の世界をより深く知ることができた気がします。今後も物語はもちろん、そこに花を添える「料理」も楽しみにしていますね。

※「マナ石」のこと。魔力を秘めた石で、魔法使いが食べると力を取り込むことができる。魔法生物や魔法使いが死亡したときにはマナ石になる

Profile

Bunta Tsushimi ————

シナリオライター、作家。2007年より同人ゲームサークル「TARHS Entertainment」が制作する『図書室のネヴァジスタ』の脚本を担当する。ゲームシナリオを手がけたおもな作品に『アイドリッシュセブン』、『きんとうか』、『魔法使いの約束』ほか

『魔法使いの約束』公式レシピ集
The Secret Recipes of Wizards

監修　　　　株式会社coly

デザイン　　千葉佳子（kasi）
撮影　　　　林 紘輝
料理・スタイリング　木村 遥
調理アシスタント　福田みなみ、川端菜月
取材・文　　こいずみきなこ
DTP　　　　ビュロー平林
校正　　　　小出美由規
編集協力　　米倉永利子
編集　　　　早川智子

撮影協力　　UTUWA
材料協力　　富澤商店
　　　　　　https://tomiz.com/
　　　　　　☎042-776-6488

発行日　　　2023年6月30日　初版第1刷発行
　　　　　　2024年2月10日　　第3刷発行

発行者　　　小池英彦
発行所　　　株式会社 扶桑社
　　　　　　〒105-8070
　　　　　　東京都港区芝浦1-1-1
　　　　　　浜松町ビルディング
　　　　　　電話　03-6368-8873（編集）
　　　　　　　　　03-6368-8891（郵便室）
　　　　　　www.fusosha.co.jp

印刷・製本　TOPPAN株式会社